Sachbücher von Janvier T. Chando

IKONEN UND SCHURKEN: Jüngste Politische Attentate…
GEFALLENE HELDEN: Afrikanische Führer, deren Attentate...
UKRAINE: Das Tauziehen zwischen Russland und dem Westen
KAMERUN: Frankreichs Dysfunktionales Marionetten System in Afrika
KAMERUN: Das Heimgesuchte Herz Afrikas

Fiktionstitel von Janvier Chando

Der Usurpator: und andere Geschichten
Triple Agent, Doppel kreuz
Jünger des Vermögen
Die Union Muschik
Blitz der Sonne
Vermögen Ruft
Meister des Vermögen
Kinder des Vermögen
Großmütter und Perfekte Liebe
Verliebt Sein und Weise Sein
Die Feuer und Eis Legende
Der Süßeste Wahnsinn
Das Hunger Feuer
Die Schatten des Feuers
Vater und Söhne
Der Arzt
Dunkle Schatten
Schicksalhafte Krawatten
Das Urteil des Hades
Prozess Gegen Seine Majestät
Ngokos Torheit
Der Usurpator
Die Mitgift
Ich bin gehasst
Der Lümmel

Kommende Titel von Janvier Chando

Die Heim-Herumtreiber
Der Weiße Falke
Die Norilsk Bären
Sterbliche Freunde

DAS ABLEBEN DER FEHLERHAFTE SYMBOL VON LIBYEN: Die Ermordung von Muammar Gaddafi, das Unordnung des Landes und die daraus Resultierenden Nachbeben in Afrika

Janvier T. Chando

TISI BOOKS

NEW YORK, RALEIGH, LONDON, AMSTERDAM

VERÖFFENTLICHT VON TISI BOOKS

ISBN-13: 978-1-6708-9269-0
ISBN-10: 1-6708-9269-7

VERÖFFENTLICHT VON TISI BOOKS
www.tisibooks.com

NEW YORK, RALEIGH, LONDON, AMSTERDAM

Gedruckt in den Vereinigten Staaten von Amerika

ANERKENNUNG

Besondere Dankesworte an Tante Anna Mapajane Chitja, die mich zum ersten Mal über das Erbe der Gaddafi nachdenken ließ.

WIDMUNG

Das Buch ist allen ikonischen und legendären Führern gewidmet, deren Zweck es war, der Menschheit zu dienen und das Wohlergehen der Menschlichkeit zu fördern, insbesondere jenen, deren historische Missionen von den bösen Mächten dieser Welt unterbrochen wurden.

DAS ABLEBEN DER FEHLERHAFTE SYMBOL VON LIBYEN: Die Ermordung von Muammar Gaddafi, das Unordnung des Landes und die daraus Resultierenden Nachbeben in Afrika

ZITATE VON MUAMMAR GADDAFI

„Es muss eine Weltrevolution geben, die allen materialistischen Bedingungen ein Ende setzt, die Frauen daran hindern, ihre natürliche Rolle im Leben zu spielen und sie dazu zu bewegen, die Pflichten der Männer zu erfüllen, um gleiche Rechte zu haben."

„Nationen, deren Nationalismus ist zerstört, sind dem Untergang ausgesetzt."

„Die Freiheit des Menschen fehlt, wenn jemand anderes kontrolliert, was er braucht, denn die Not Kann dazu führen, dass der Mensch versklavt wird."

„Sobald ein Herrscher religiös wird, können Sie nicht mehr mit ihm diskutieren. Wenn jemand im Namen der Religion regiert, wird dein Leben zur Hölle."

„Lassen Sie die freien Menschen der Welt wissen, dass wir für ein persönliches, sicheres und stabiles Leben verhandelt und unsere Sache verkauft haben könnten. Zu diesem Zweck haben wir viele Angebote erhalten, aber wir haben uns entschlossen, als Zeichen der Pflicht und Ehre an der Spitze der Konfrontation zu stehen.“

„Ich habe nichts als Verachtung für den Gedanken einer islamischen Bombe. Es gibt keine islamische oder christliche Bombe. Jede solche Waffe ist ein Mittel, um die Menschheit zu terrorisieren, und wir sind gegen die Herstellung und den Erwerb von Atomwaffen. Dies steht im Einklang mit unserer Definition von Terrorismus und seiner Ablehnung.“

„Ich werde nicht an einer Verschwörung teilnehmen, um die Araber gegen die Perser zu mobilisieren. Nur die Kräfte des Kolonialismus profitieren von einer solchen Verschwörung. Ich werde keine Partei einer Verschwörung sein, die den Islam in zwei Teile spaltet — den schiitischen Islam und den sunnitischen Islam — und den sunnitischen Islam gegen den schiitischen Islam mobilisiert.“

„Die Zeiten des arabischen Nationalismus und der Einheit sind für immer vorbei. Diese Ideen, die die Massen mobilisierten, sind nur eine wertlose Währung. Libyen musste sich zu viel von den Arabern gefallen lassen, für die es sowohl Blut als auch Geld vergossen hat.“

INHALT

Karten

Libyen auf einer Weltkarte

Libyen und die Arabische Welt

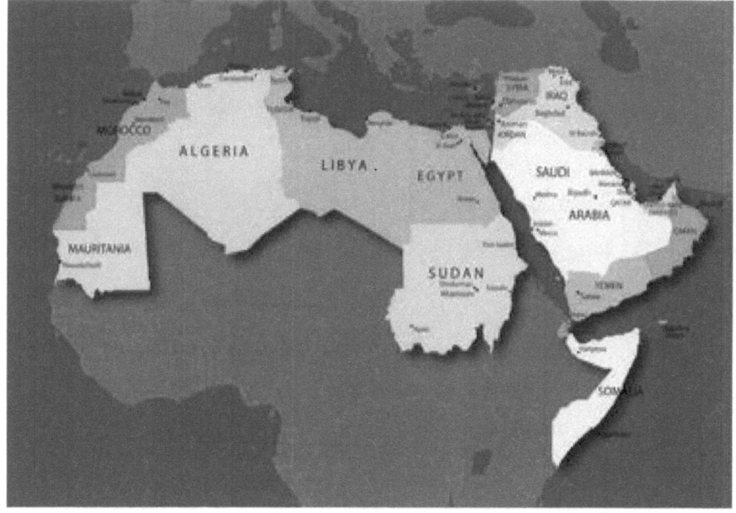

Der Arabische Frühling und seine Auswirkungen

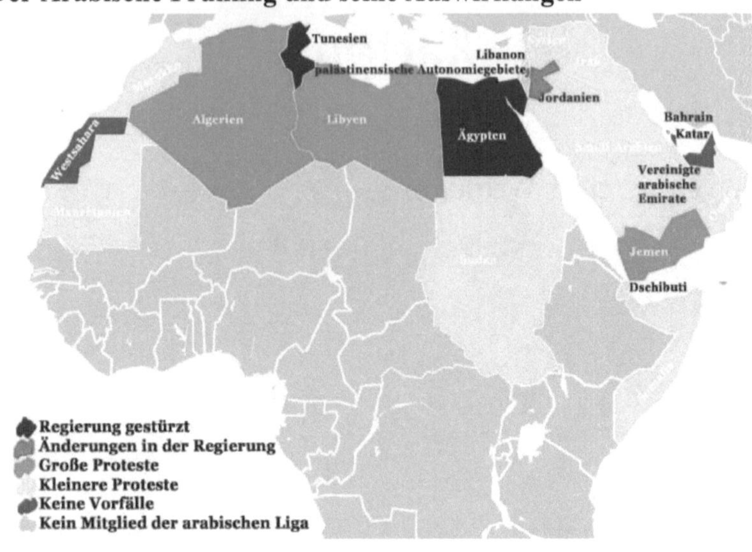

Teilungs Karte von Afrika: 1884-1914

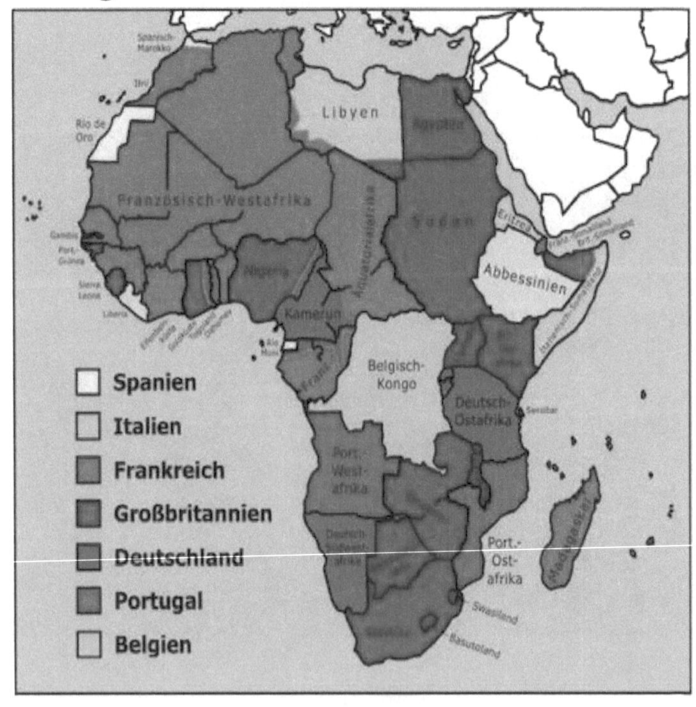

Politische Karte der Afrikanischen Länder

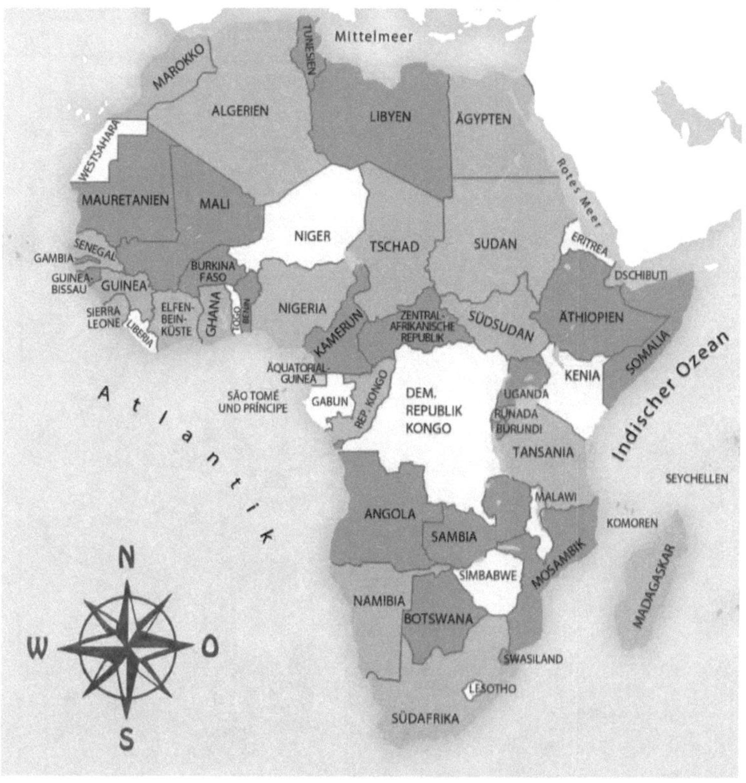

Unabhängigkeits Karte der Afrikanischen Länder

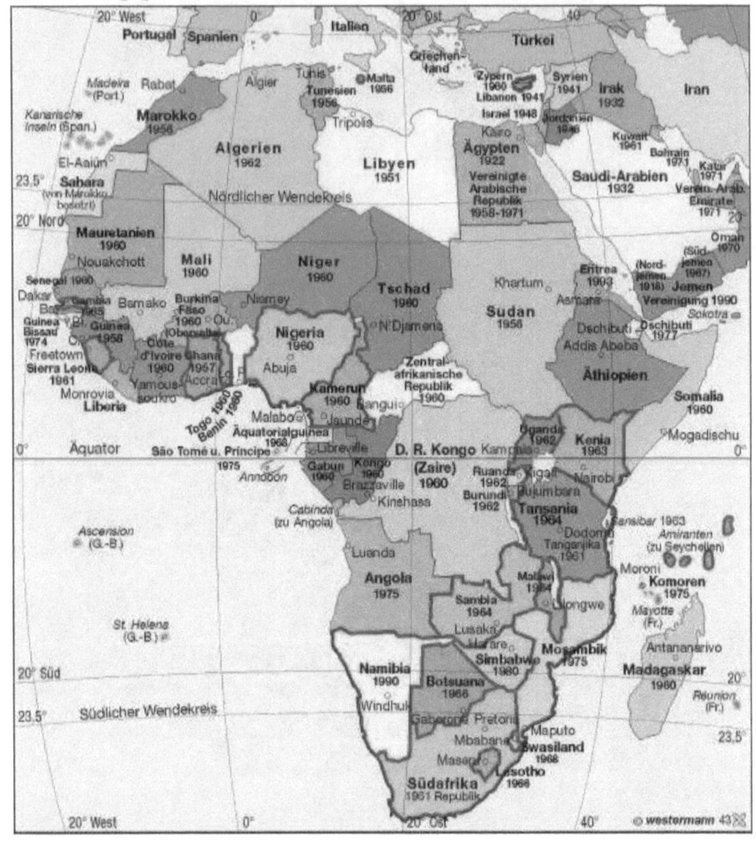

EINFÜHRUNG

Auf meiner Suche nach der Antwort, warum bestimmte geopolitische Brennpunkte in der Welt existieren; in meinem neugierig sein um die Gründe zu kennen, warum einige Länder und die Welt im Allgemeinen plötzliche und dramatische Veränderungen erlebten, die zu Krieg, Instabilität oder einer Neuausrichtung ihrer Innen- und Außenpolitik führten, die nicht nur diese Länder betrafen, sondern auch bestimmte Regionen oder die ganze Welt beeinflussten, habe ich in den letzten Jahrzehnten politische Attentate untersucht, die unsere Welt verändert haben. Mit unserer Welt meine ich unsere Gemeinschaften, Länder, Regionen und die Menschheit als Ganzes.

Bei der Behandlung der verschiedenen Attentate im Laufe der Jahre habe ich einen Ansatz gewählt, der von der politischen Soziologie geprägt ist. Dabei habe ich die historischen und sozialen Faktoren, die nicht nur zu den Attentaten geführt haben, sondern auch aus der Tötung dieser historischen Figuren entstanden sind, genau analysiert. Und aus diesen Faktoren werden uns eine Idee oder Bilder präsentiert, wie sich die betroffene Gesellschaft seit den traumatischen Ereignissen entwickelt hat.

Aus den Rückschlägen, die auf die Ermordung historischer, legendärer oder ikonischer Persönlichkeiten folgten, können wir etwas Nützliches lernen und uns Szenarien ausdenken oder was als Katastrophen zu erwarten ist, wenn bestimmte Anführer ermordet werden, und entsprechend handeln, um ihre Ermordung zu verhindern.

Kapitel Eins

Muammar al-Qaddafi

Noch eine Weile wird die Geschichte von Muammar al-Gaddafi in wichtigen politischen Diskursen in ganz Afrika und im Nahen Osten präsent sein; und sein Leben und vor allem sein Tod würden hin und wieder eine Quelle der Befriedigung, der Irritation, der Kontroverse, der Rüge, der Wut und des Ekels im Rest der Welt sein.

Wie konnte diese spalterische Figur, die vier Jahrzehnte lang die libysche Politik dominierte, die arabische und dann afrikanische Einheit unterstützte, die die Lebensqualität der Libyer erheblich verbesserte, sie zum Neid des restlichen Afrikas machte und die von einigen für seine antiimperialistische Haltung gelobt wurde schließlich isoliert, von der NATO (North Atlantic Treaty Organization — Nordatlantikpakt-Organisation) heimgesucht und schließlich von Libyern in einem Bürgerkrieg getötet in dem seine ausländischen Feinde mit den libyschen Rebellen kämpften? Warum wurde er von islamischen Fundamentalisten heftig bekämpft, von westlichen Mächten als Diktator verurteilt, der die Menschenrechte seines Volkes verletzte und den globalen Terrorismus finanzierte, und warum wurde er von denen, mit denen er zusammenarbeiten wollte, auf Distanz gehalten?

Wir können einige der Antworten aus dem untenstehenden Konto finden.

Kapitel Zwei

Der umstrittene Muammar al-Gaddafi, der bis zu seinem Sturz und Tod am 20. Oktober 2011 Afrikas dienstältestes Staatsoberhaupt war, wurde am 7. Juni 1942 Sohn einer Stammesfamilie namens al-Qadhafah in der zentralen Küstensiedlung Sirte geboren, Libyen zu einer Zeit, als Libyen eine italienische Kolonie war. Als Libyen 1951 als Vereinigtes Königreich Libyen, eine konstitutionelle und erbliche Monarchie unter dem mit dem Westen verbündeten König Idris, die Unabhängigkeit erlangte; Gaddafi wusste kaum, was um ihn herum vor sich ging. Als junger Mann beeinflusste ihn jedoch die arabische nationalistische Bewegung stark, und er bewunderte ihren Anführer, den ägyptischen starken Mann Gamal Abdel Nasser, bis zu dem Punkt, an dem er beschloss, Soldat wie sein ägyptischer Held zu werden, ein Traum, den er sich erfüllte, indem er eintrat, 1961 an der Militärhochschule in der ostlibyschen Stadt Bengasi. Schließlich verbrachte er eine viermonatige militärische Ausbildung im Vereinigten Königreich.

Unabhängigkeit Karte der Afrikanischen Länder

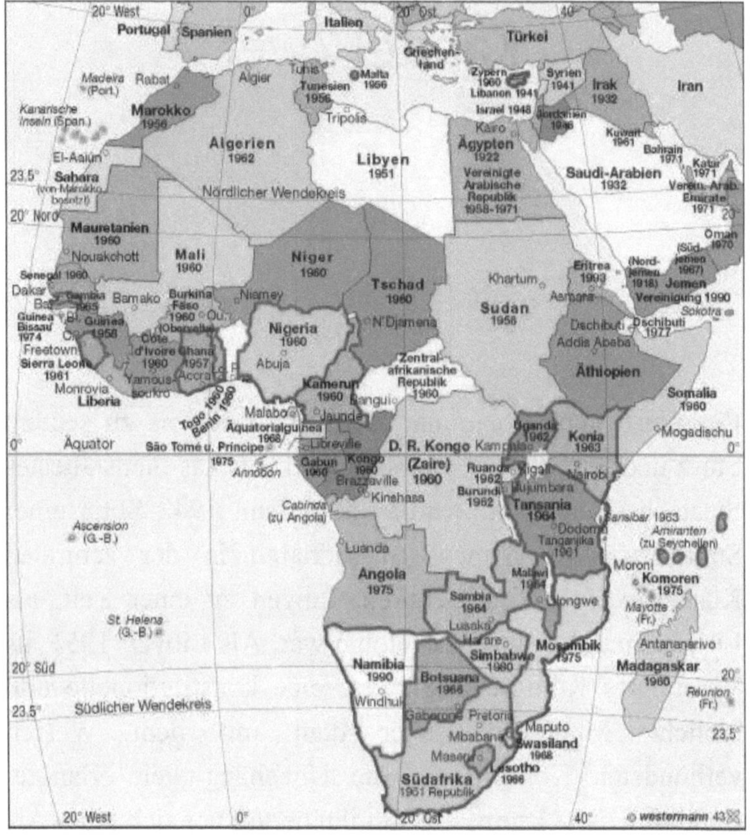

In Libyen stieg Gaddafi stetig in den Reihen des Militärs auf, als die Ausbeutung des Öls Reichtum in das Land brachte. Allerdings wuchs die Unzufriedenheit über die zunehmende Konzentration des Reichtums der Nation in den Händen von König Idris. In dieser Zeit wurde der talentierte und charismatische Gaddafi Teil einer Bewegung junger Offiziere, die darauf aus waren, den König zu stürzen. Er würde schließlich an die Macht in der Gruppe aufsteigen, um die Position der Führung. Am 1. September 1969 stürzte die Gruppe König Idris, während er sich in der Türkei aufhielt, um sich medizinisch behandeln zu lassen, und ernannte Gaddafi zum Oberbefehlshaber der Streitkräfte und zum Vorsitzenden des Revolutionskommandorats — Libyens neuem Regierungsorgan Libyen im Alter von siebenundzwanzig Jahren.

Eine der ersten Maßnahmen, die die neuen Behörden ergriffen, um ihre Autorität über das nordafrikanische Land zu prägen, war die sofortige Schließung der amerikanischen und britischen Militärstützpunkte in Libyen und ihre nachdrückliche Forderung, dass ausländische Ölgesellschaften im Land einen größeren Teil der Einnahmen mit Libyen teilen. Im selben Jahr verboten sie den Verkauf von Alkohol und ersetzten den gregorianischen Kalender durch den islamischen.

Ein gescheiterter Putschversuch seiner Offizierskollegen im Dezember 1969 würde Gaddafi dazu bringen, Gesetze zu erlassen, die politischen Dissens kriminalisieren. Er fuhr fort, die verbliebenen Italiener 1970 aus Libyen zu vertreiben und betonte, was er als einen Kampf zwischen arabischem Nationalismus und westlichem Imperialismus ansah. Dies würde auch dazu führen, dass er sich lautstark gegen den Zionismus und Israel ausspricht, was in seiner Vertreibung der jüdischen Gemeinde aus dem Land gipfelte. Als sich die Beziehungen zum Westen immer weiter verschlechterten, wurde Gaddafis innerer Kreis von vertrauenswürdigen Leuten immer kleiner, was zu einem Polizeistaat führte, dessen Geheimdienstagenten kühn genug waren, sogar Libyer, die im Exil lebten, zu verfolgen, von wen sie annahmen, dass sie mit den Feinden des libyschen Staates zusammenarbeiteten.

In den ersten Jahren seiner Herrschaft unternahm Gaddafi energische Versuche, Libyen vom Westen weg in Richtung Mittlerer Osten und Afrika zu orientieren. Nach der Unterzeichnung des Ägyptisch-Israelischen Friedensabkommens zwischen Nassers Nachfolger Anwar Sadat und dem rechten Ministerpräsidenten Israels Menachem Begin geriet Libyen jedoch in einen militärischen Konflikt mit Ägypten und dem Sudan. Libyen würde sogar in den blutigen Bürgerkrieg im Tschad gegen die pro-Französische Fraktion im Konflikt verwickelt werden.

Kapitel Drei

Als Gaddafi in den 1970er Jahren den ersten Band des Green Book veröffentlichte, ein dreibändiges Werk, das die Probleme der liberalen Demokratie und des Kapitalismus beschreibt, zog er die Augenbrauen hoch, weil seine Gegner darin mehr als eine Erklärung seiner politischen Philosophie sahen. Tatsächlich zielte das Buch darauf ab, seine Politik zu fördern, um die beschriebenen Probleme zu lösen. Seine anderen Behauptungen, dass ihr neues Libyen über Volkskomitees und gemeinsame Eigentumsverhältnisse verfüge, stießen in mehreren Quartalen auf Besorgnis, obwohl die Ideen in dem Buch in Libyen nicht so reflektiert wurden, wie er behauptete.

Selbst als das Wohlergehen des durchschnittlichen Libyers unter seiner Herrschaft so weit besser wurde, dass er der Beste in Afrika wurde, waren Gaddafis ausländische Feinde nicht die einzigen, die eine Dosis Exzentrik in seinem Herrschaftsstil bemerkten. Die Tatsache, dass er einen Kader weiblicher Leibwächter in Fersen hatte, obwohl Libyen ein muslimisches Land war, das in einer

Region lag, in der die Fragen der Frauenrechte immer noch ein sozialer Rückstau waren; die Tatsache, dass er sich selbst als König von Afrika betrachtete, nachdem einige afrikanische Führer sein Streben nach einer Afrikanischen Union geschätzt und ihm den Titel verliehen hatten; die Tatsache, dass er dafür bekannt war, ein Zelt aufzustellen, in dem er bleiben konnte, wenn er ins Ausland reiste; die Tatsache, dass er sich in Outfits kleidete, die, obwohl sie in mehreren Teilen Afrikas erkennbar waren, nicht der diplomatischen Norm entsprachen; die Tatsache, dass er nicht politisch korrekt war und oft seine Meinung in einer Welt sagte, in der die meisten Führer es vorzogen, die Dinge unter dem Radar zu halten; und die Tatsache, dass er Libyen nicht zum Vasallen einer der Großmächte werden ließ, machte ihn in vielen Kreisen der Macht zu einer losen Kanone.

Von links nach rechts: Gaddafi, Yasser Arafat von der Palästinensischen Befreiungsorganisation, der Ägypter Abdel Nasser und Jordaniens König Hussein (1970)

Ronald Reagan, der 40. Präsident der Vereinigten Staaten von Amerika, nannte Gaddafi "Der verrückte Hund des Nahen Ostens", nachdem er zu dem Schluss gekommen war, dass der Libysche Führer skrupellos gegen die Dissidenten war, die sich seiner autokratischen Herrschaft in Libyen widersetzten, und dass Gaddafi seine Agenten ermutigte, seine Gegner im Ausland zu jagen und zu töten. Gaddafis Regierung war auch an der Finanzierung antiwestlicher Gruppen auf der ganzen Welt beteiligt, darunter Gruppen, die als terroristische Organisationen gelten, wie der deutsche Baader Meinhof, die japanische Rote Brigade, die irische Republikanische Partei und die zahlreichen Palästinensischen Gruppen, die gegen Israel kämpfen; Die Tatsache, dass er auch mehrere Befreiungsbewegungen in Afrika unterstützte, wie den ANC (*African National Congress* — Afrikanischer National Kongress) in seiner Kampagne gegen die Apartheid in Südafrika, die MPLA (*Movimento Popular de Libertação de Angola* — Volksbewegung für die Befreiung Angolas) gegen den Portugiesischen Kolonialmeister in Angola, die FRELIMO (*Frente de Libertação de Moçambique* — Befreiungsfront von Mosambik) gegen die Portugiesische Kolonialherrschaft in Mosambik, die SWAPO (*South West Africa People's Organisation* — Volksorganisation Südwestafrikas) gegen den Süden Afrikanische Kolonialherrschaft in Namibia und POLISARIO (*Frente Popular de Liberación de Saguía el Hamra y Río de Oro* —

Volksfront für die Befreiung von Saguía el Hamra und Río de Oro) gegen die Marokkanische Besetzung der ehemaligen spanischen Westsahara gegen den kollektiven Wunsch der Bevölkerung und der internationalen Gemeinschaft; und die Tatsache, dass er Staatsstreiche gegen Afrikanische Staatsoberhäupter finanzierte, die er als westliche Marionetten betrachtete, machte ihn in der Welt der „zivilisierten Nationen" zu einem Ärgernis.

Nach einem Bombenanschlag auf einen West-Berliner Tanzclub in Deutschland im Jahr 1986, bei dem drei Menschen getötet und zahlreiche Menschen verletzt wurden, machten die Vereinigten Staaten von Amerika Libyen für den Terroranschlag verantwortlich, und US-Präsident Ronald Reagan befahl die Bombardierung bestimmter Ziele in Libyen, einschließlich Gaddafis Wohnsitz in der libyschen Hauptstadt Tripolis. In der Kampagne verloren die Vereinigten Staaten ein Flugzeug, das abgeschossen wurde, was zum Tod von zwei seiner Besatzungsmitglieder führte. Gaddafi wurde im Militärfeldzug nicht getötet, aber Libyen verlor 45 Soldaten und Beamte und 15 bis 30 Zivilisten, darunter ein junges Mädchen, von dem Gaddafi behauptete, es sei ihre Adoptivtochter namens Hanna. Zudem wurden Dutzende militärischer Ausrüstung des nordafrikanischen Landes zerstört.

1988 wurde Libyen beschuldigt, die Lockerbie-Bombardierung durchgeführt zu haben, als ein Flugzeug mit 259 Menschen in der Nähe von Lockerbie, Schottland, in die Luft flog und alle Passagiere an Bord tötete. Die daraus resultierenden herabfallenden Trümmer würden weitere 11 Zivilisten am Boden töten. Die Vereinten Nationen verhängten Sanktionen gegen Libyen, weil es in den Bombenanschlag verwickelt war. Aber das war noch nicht alles. Es wurde auch angenommen, dass mehrere Libyer, darunter ein Schwiegereltern aus Gaddafi, 1989 hinter der Explosion des Französischen Passagierflugzeugs UTA Flight 772 standen, bei der alle 170 Passagiere an Bord des Flugzeugs ums Leben kamen, darunter Bonnie Barnes Pugh, die Frau von Robert L. Pugh , der Botschafter der Vereinigten Staaten in der Republik Tschad, Libyens wichtigster südlicher Nachbar.

Es ist anzunehmen, dass die Annäherung, die in den 1990er Jahren zwischen Libyen und dem Westen begann, auf Gaddafis westlich orientierte Söhne der es schaffte, den Libyschen Führer davon zu überzeugen, dass alles in Ordnung wäre, wenn er Bindungen mit den westlichen Mächten ausbessert. Das Auftauen der Beziehungen zwischen Gaddafi und dem Westen geschah jedoch zu einer Zeit wachsender Bedrohung durch Islamisten, die sich seiner Herrschaft widersetzten. Er begann, Informationen mit den Britischen und amerikanischen Geheimdiensten auszutauschen, um diesen wachsenden islamischen Fundamentalismus einzudämmen und zu neutralisieren.

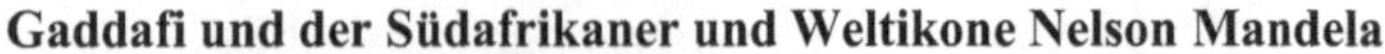

Gaddafi und der Südafrikaner und Weltikone Nelson Mandela

Als der neue Präsident von Südafrika und Chef der Regierungspartei des Landes, Nelson Mandela,(er hatte 27 Jahre im Apartheid-Gefängnis verbracht, bevor er 1990 freigelassen wurde, was den friedlichen Prozess beim Abbau der Apartheid in Gang setzte), 1994 Libyen besuchte, obwohl das Nord Afrikanische Land einem internationalen Reiseverbot unterlag, waren die westlichen Mächte darüber nicht erfreut. Nelson Mandela überredete den Libyschen Führer jedoch, die beiden Libyschen Staatsbürger abzugeben, die die Vereinigten Staaten von Amerika und ihre westlichen Verbündeten im Verdacht hatten, die Lockerbie-Bombardierung geplant zu haben. Die Welt war überrascht, dass Gaddafi dies akzeptierte. Der Libysche Führer vertraute Nelson Mandela, der tatsächlich der einzige ausländische Führer war, der Libyen während des zwei Jahrzehnte andauernden Embargos für das Land und eines Jahrzehnts andauernden Flugverbots besuchte. Der damalige politische Gefangene und Präsident

Südafrikas unternahm die anspruchsvolle Landreise von Ägypten nach Libyen, um die tatkräftige Unterstützung Libyens für die Südafrikanischen Anti-Apartheid-Kräfte im Kampf gegen die Herrschaft der weißen Minderheit des Südafrikanischen Apartheidsystems zu würdigen. Der Besuch der Anti-Apartheid-Ikone und des bekannten Südafrikanischen Staatsmannes markierte den Beginn der Wiederherstellung der Beziehungen zum Westen an vielen Fronten und schien eine neue Ära in den Libyschen-westlichen Beziehungen einzuleiten.

Tatsächlich gab Gaddafi in den 1990er Jahren die finanzielle, materielle und menschliche Unterstützung für die verschiedenen pan-Arabischen und Panafrikanischen Bewegungen auf, insbesondere für die Palästinensischen Gruppen. Stattdessen konzentrierte er sich darauf, Sanktionen gegen Libyen aufzuheben. Einige sagen, er habe die Palästinenser aufgegeben, nachdem Yasser Arafats Palästinensische Befreiungsorganisation (PLO) ihn nicht über die geheimen Verhandlungen informiert hatte, die sie mit den Israelis führten und die schließlich zur Unterzeichnung des Oslo I-Abkommens vom 13, September 1993, mit dem Ziel, ein Friedensabkommen zwischen Israel und den Palästinensern zu erreichen. Sein damaliger Paria-Status resultierte hauptsächlich aus Libyens Aktionen zur Unterstützung der Palästinenser.

Kapitel Vier

Die Terroranschläge vom 11. September 2001 in den USA würden die geostrategische Landschaft der Welt verändern, insbesondere als George W. Bush, der 43. Präsident der Vereinigten Staaten von Amerika, erklärte: „Entweder Sie sind bei uns oder Sie sind gegen uns". Kurz nach diesen Angriffen wurde in großen Kreisen geflüstert, dass die USA beabsichtigten, die Regime in den Ländern zu stürzen, die George Bush als "Achse des Bösen" beschuldigt hatte, darunter Iran, Irak, Nordkorea, Kuba, Libyen, Sudan und Syrien. Als Libyen im Dezember 2003 friedlich mit den USA beschloss, sein Massenvernichtungswaffenprogramm, einschließlich eines jahrzehntealten Nuklearwaffen Programms, zu beseitigen, bezweifelten viele Menschen die Behauptung des Libyschen Führers, er wolle die Abschaffung des Programms, weil er keine Terroristen wollte, besorgen Sie sich diese Waffen. Stattdessen hielten sie fest, dass Gaddafi sein Programm von Massenvernichtungswaffen aufgrund von Drohungen der Vereinigten Staaten von Amerika, die er nicht ertragen konnte, losgeworden sei, und dass er hatte, nachgegeben den Amerikanischen Forderungen nachgegeben habe, nur um sie zu beschwichtigen.

Viele Qaddafi-Kritiker waren nicht erfreut darüber, dass der Libysche Führer in den westlichen Hauptstädten willkommen geheißen wurde. Als der italienische Premierminister Silvio Berlusconi öffentlich prahlte, dass er zu den engen Freunden Gaddafis gehörte, fragten sich viele Kritiker des Libyschen Starken, ob die neu entdeckte Freundschaft zwischen Gaddafi und dem Westen nicht auf Geschäften und dem Zugang zu Libyschem Öl beruhte.

Jahrelang vermischten sich Gaddafis Söhne und insbesondere sein Sohn und Erbe, Seif al-Islam Gaddafi, frei mit der Londoner High Society und anderen High Society in verschiedenen Teilen Europas und Amerikas. Als ob die Vereinten Nationen Libyen und seinen starken Mann dafür belohnen wollten, "ihre Wege zu ändern", lockerten sie 2001 die Sanktionen gegen Libyen, was es ausländischen Ölunternehmen leicht machte, lukrative neue Verträge abschließen, um im Land frei zu agieren. Das Ergebnis war nicht nur eine massive Kapitalzufuhr nach Libyen, sondern auch eine Verbesserung des Lebensstandards, mehr Freiheit im Land und mehr Kontakt mit der Außenwelt.

Als einige Araber Gaddafi beschuldigten, Israel durch Entwaffnung einen stärkeren strategischen Vorteil in der

Region zu verschaffen, der US-Doktrin des Präventivkrieges Glauben zu schenken und keine Sicherheitsgarantien für Libyen und die Arabische Welt zu erhalten, antworteten die Libysche Regierung und ihre Anhänger antwortete, dass im aufgeben seines Atomwaffenprogramms durfte Libyen in die Mitte der internationalen Staatengemeinschaft zurückkehren, einen vorübergehenden Sitz im Sicherheitsrat der Vereinten Nationen erhalten und etwas Geld für Investitionen in das Libysche Volk und in die Entwicklung des Landes sparen

2010: Gaddafi und andere Afrikanische Staatsoberhäupter

Viele Gaddafi-Anhänger, insbesondere in Afrika, sind der Ansicht, dass Gaddafi den wirtschaftlichen Aufschwung Libyens zum politischen Kapital auf dem Kontinent umgewandelt und die rasche Verwirklichung einer Afrikanischen Wirtschaftsunion mit einer von Gold gesicherten Währung namens Dinar vorantrieb,
etwas das effektiv beschnitten hätte Frankreichs

dominierende neokolonialistische Rolle im frankophonen Afrika; und infolgedessen wurde er in den Augen Frankreichs und seiner westlichen Verbündeten unerträglich. Seine Kritiker sind jedoch der Ansicht, dass seine diktatorische Herrschaft, seine Hartnäckigkeit und seine Unfähigkeit, sich auf das Verlangen nach Demokratie und Freiheit einzustellen, den Protest gegen seine Herrschaft auslösten, eine Forderung nach einer grundlegenden Änderung des Systems, das degenerierte zu einem Aufstand und dann zu einem Bürgerkrieg.

2007: Gaddafi und der Französische Präsident Nicolas Sarkozy

Kapitel Fünf

Qaddafi dachte zunächst, dass der Arabische Frühling, der im Januar 2011 in Libyens östlichem Nachbarn Tunesien begann und sich dann im nächsten Monat auf seinen westlichen Nachbarn Ägypten der nächste Monat, was zum Sturz von Zine El Abidine Ben Ali und Hosni Mubarak aus Tunesien und Libyen beziehungsweise, würde Libyen umgehen. Das war aber nicht der Fall. Er war seit vier Jahrzehnten an der Macht und konnte für die Opposition nicht unempfindlich sein. Die politischen Veränderungen in den östlichen und westlichen Nachbarn Libyens die Moral der Bürger der verschiedenen Arabischen Länder zum Protest angehoben. In Libyen kam es zu Demonstrationen in der östlichen Stadt Bengasi, Libyens zweitgrößter Stadt, die für ihre Oppositionsgeschichte gegen die Hauptstadt Tripolis bekannt ist. Es verbreitete sich dann in ganz

Libyen, trotz der Zuckerbrot und Peitsche Maßnahmen, die das Gaddafi-Regime ergriffen, hatte, um die Situation zu entschärfen.

Gaddafis frühe unentschlossene Maßnahmen ermutigten die Demonstranten und die Pattsituation degenerierte schnell zu einem bewaffneten Aufstand. Seine Kritiker warfen ihm vor, die Situation zu eskalieren, eine blutige Unterdrückung durchzuführen und ausländische Söldner einzusetzen. Gaddafi seinerseits behauptete, die Demonstranten seien Verräter, Ausländer, Al-Qaida-Anhänger und Drogenabhängige. Er forderte seine Anhänger auf, den Kampf gegen den neuen Widerstand fortzusetzen.

Bis Ende Februar 2011 hatten die Rebellen ein Regierungsgremium mit dem Namen *National Transitional Council* gebildet. Ende März begann eine von Frankreich geführte NATO-Koalition, die Rebellen zu unterstützen in Form von Luftangriffen und unterstützen Flugverbotszone mit logistischer Unterstützung durch die USA. Die militärische Intervention der NATO in den nächsten sechs Monaten würde die Libysche Luftwaffe zerstören und die Streitkräfte des Landes dezimieren, so dass die meisten der für Gaddafi kämpfenden Personen Menschen waren, die keine Verbindung zur regulären Armee hatten. Die Angriffe der NATO erwiesen sich als entscheidend, als eine Libysche Stadt nach der anderen in die Hände der Rebellen fiel und als ein Luftangriff Gaddafis jüngsten Sohn Saif al-Arab Qaddafi und drei seiner Enkelkinder, während der libysche Führer und seine Frau Safiya an einem Treffen von Familie und Freunden teilnahmen, das von ihrem Sohn Said al-Arab veranstaltet wurde.

Als der Internationale Strafgerichtshof im Juni 2011 Haftbefehle gegen Gaddafi, seinen Sohn Seif al-Islam und seinen Schwager wegen Verbrechen gegen die Menschlichkeit ausstellte, war der Welt klar, dass die Machthaber Gaddafi endgültig desavouiert hatten und dass es gab keine Zukunft für sein Regime. Als einen Monat nach der Anklageerhebung mehr als 30 Länder den NTC als legitime Regierung Libyens anerkannten, war davon auszugehen, dass Gaddafi den Bürgerkrieg verloren hatte.

Tripolis, die Hauptstadt, fiel Ende August 2011 an die Rebellen, was ein symbolisches Ende von Gaddafis Herrschaft bedeutete, als er sich nach Sirte, seiner Heimatstadt, zurückzog, obwohl die meisten seiner Feinde nicht sicher sagen konnten, wo er war. Er hatte praktisch die Kontrolle über Libyen verloren, sein Aufenthaltsort konnte jedoch nicht ermittelt werden.

Stammes- und ethnische Karte von Libyen

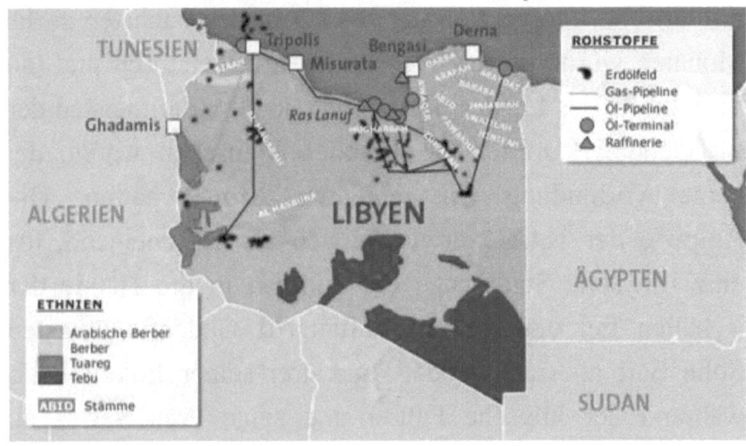

Als die Welt am 20. Oktober 2011 erfuhr, dass Muammar al-Gaddafi in seiner Heimatstadt Sirte, Libyen, gestorben war, nachdem ein NATO-Luftangriff auf seinen Konvoi ihn gezwungen hatte, sich in einem Graben zu verstecken, von wo er von Rebellenkämpfern entdeckt wurde, die ihn dann töteten; Viele Menschen empfanden die Nachricht als beunruhigend. Es tauchten jedoch Videos auf, in denen gezeigt wurde, wie Gaddafis blutiger Körper von Rebellenkämpfern herumgeschleppt wurde, dann sein toter Körper, die letzten Live-Momente seines anderen Sohnes Mutassim Gaddafi und später Mutassims lebloser Körper, nachdem er hingerichtet worden war.

Während sich die Nachricht von Gaddafis Tod verbreitete und viele Libyer auf die Straße trieb, um das zu feiern, was viele von ihnen als Höhepunkt ihrer Revolution und als Beginn eines neuen Kapitels in ihrer Geschichte bezeichneten, sahen andere dies als Beweis dafür, dass ehemaligen Kolonialmächten, die nicht Interessen des Libyschen Volkes von Herzen, hatten gelungen war, ein großes Bollwerk gegen die weitere oder kontinuierliche Ausbeutung und Kontrolle Libyens und Afrikas durch Ausländer zu besiegen. Dieses Gefühl war im Nahen Osten und insbesondere in Afrika zutiefst zu spüren, wo viele Menschen in den Ländern davon erfahren hatten, dass Gaddafi Gold und Silber im Wert von mehr als 7 Milliarden US-Dollar eingelagert hatte, mit denen er eine Pfanne aufbauen wollte - Afrikanische Währung basierend auf dem Libyschen Golddinar, einer Währung, die den frankophonen Afrikanischen Ländern eine alternative Währung zum Französischen Franc (CFA) zur Verfügung gestellt hätte, die in vielen Kreisen als eines der Instrumente der Französischen Ausbeutung und Strangulation seiner ehemaligen Kolonien und Gebiete in Afrika.

Post-Qaddafi Division von Libyen durch Bewaffnete Fraktionen 2016

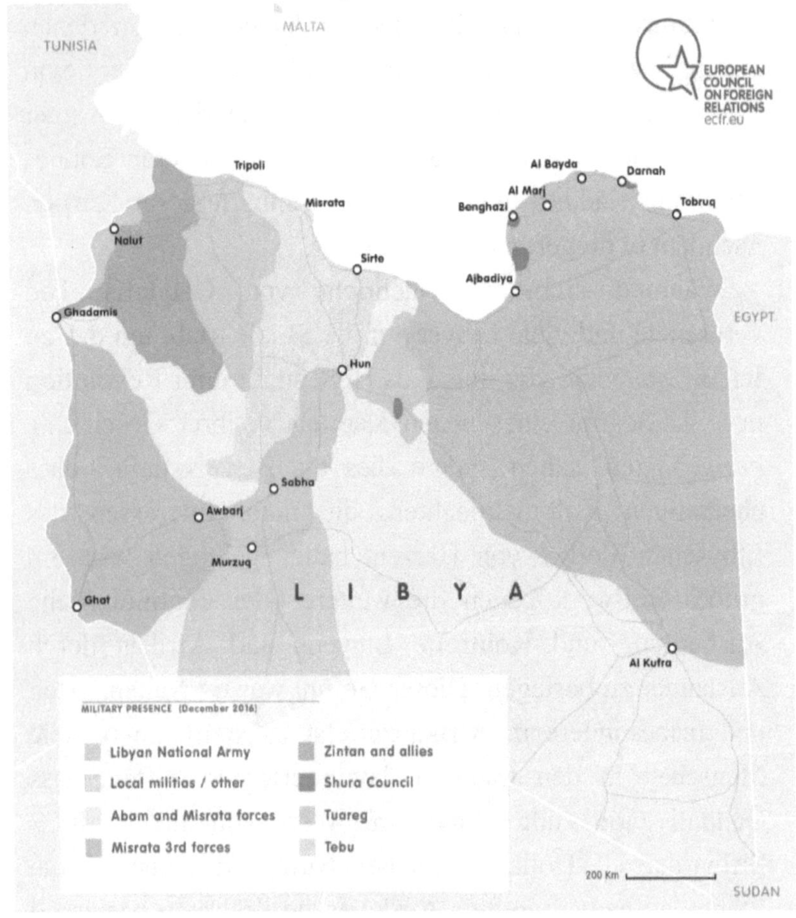

Libyen Heute

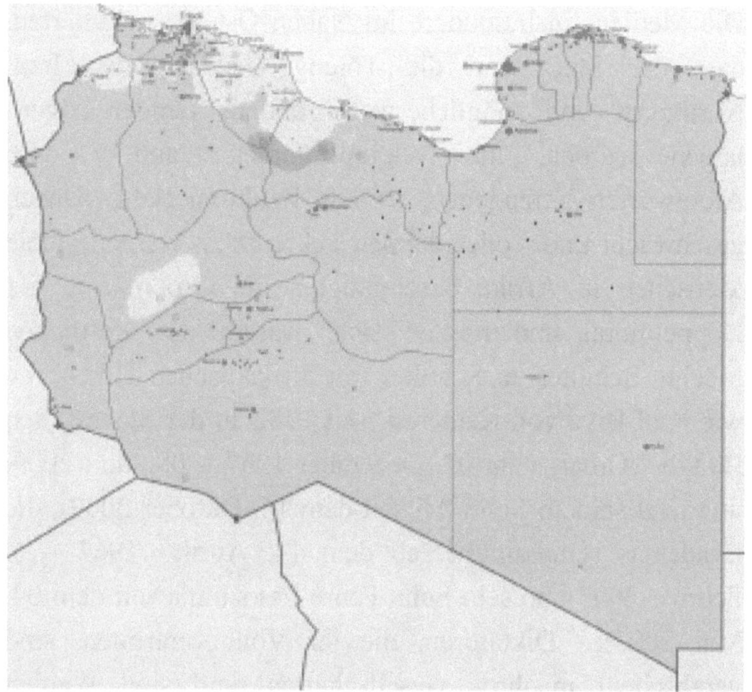

Gebiete, die von der Libyschen Nationalarmee kontrolliert werden

Vom Libyschen Schild kontrollierte Gebiete (der Regierung der nationalen Einheit unterstellt)

Von Rebellen kontrollierte Gebiete (der Regierung der nationalen Rettung unterstellt)

Gebiete, die vom Islamischen Staat kontrolliert werden

Gebiete, die von den Mudschaheddin-Sowjets kontrolliert werden, die Shura in Derna, Bengasi und Ajdabiya

Gebiete, die von örtlichen Streitkräften kontrolliert werden

Von Tuareg kontrollierte Gebiete

Die Medien (insbesondere im Nahen Osten) spekulierten, dass der Sturz und die Tötung Gaddafis den Iran, Nordkorea und möglicherweise andere Länder zögern lassen würden, ihre Atomprogramme und / oder Atomwaffen aufzugeben, da das Risiko besteht, danach geschwächt und / oder doppelt gekreuzt zu werden. Viele Menschen in Afrika beschuldigten die Großmächte der Doppelmoral und fragten sich, warum die westlichen Mächte Schulter an Schulter mit afrikanischen Diktatoren wie Paul Biya von Kamerun (seit 1982 an der Macht), den Bongos (Omar, vom 02. Dezember 1967 – 08. Juni 2009, und jetzt seinem Sohn Ali seit dem 16. Oktober 2009), die Eyademas (Gnassingbé, ab dem 14. April, 1967 – 5. Februar 2005 und sein Sohn Faure Essozimna seit dem 04. Mai 2005),   Diktatoren, die ihr Volk verarmten, sind verabscheut in ihren Gesellschaften, und sind Wahlen schamlos manipulieren, um an der Macht zu bleiben — ein Sakrileg für die Demokratie, dem ihre Puppenspieler ein Auge zudrücken oder den sie segnen.

Da Libyen nach Gaddafi acht Jahre nach seinem Tod weiterhin in Gewalt verwickelt ist, bewaffnete Islamisten das Land unregierbar machen, Warlords und bewaffnete Milizen im Überfluss vorhanden sind und eine Situation schaffen, die Libyen zu einer Ansammlung von Lehen macht, da zwei rivalisierende Regierungen im Land regieren, fragen sich viele, ob Libyen in absehbarer Zeit in der Lage sein würde, ein funktionierendes System zu entwickeln, das besser ist als die Herrschaft der stark fehlerhaften,   Machthungriger, rücksichtsloser, aber patriotischer Muammar al-Gaddafi, der es versäumt hat, ein friedliches Erbe zu hinterlassen, das von zukünftigen Generationen nachgeahmt werden könnte, ein Versagen, das es den ausländischen Kräften, die er inbrünstig aus Libyen heraushalten wollte, ermöglicht, freie Hand bei der Gestaltung oder Nichtgestaltung der Zukunft des Landes.

Der Welleneffekt des libyschen Bürgerkriegs breitete sich in Nord- und Westafrika aus, als Tausende von Kämpfern, meist ethnische Tuareg aus Mali und Niger, die während des Konflikts entweder Gaddafi oder den NTC unterstützten, mit einer breiten Palette von Waffen und Munition in ihre Heimatländer zurückkehrten und in Niger eine Spur ziviler Konflikte auslösten. Mali, Algerien, Nigeria, Kamerun, Tschad und die Zentralafrikanische Republik. Heute gibt es wenig Geschrei nach einer Afrikanischen Wirtschaftsunion, da kein anderes afrikanisches Staatsoberhaupt nach dem Tod Gaddafis die Bemühungen angeführt hat und den Kontinent heute als letzte Grenze in einem neuen Streben der Industriemächte der Welt nach der Sicherung schnell schwindender Ressourcen zurückgelassen hat.

Demokratie Index Karte von Afrika

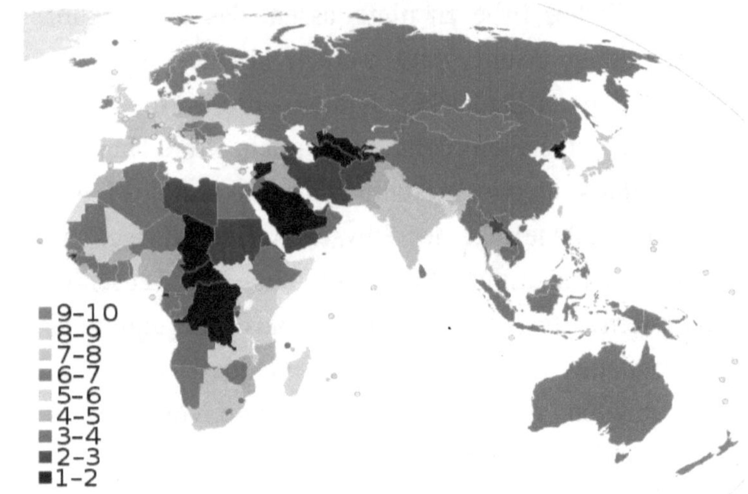

Demokratie Index: Afrika und die Welt

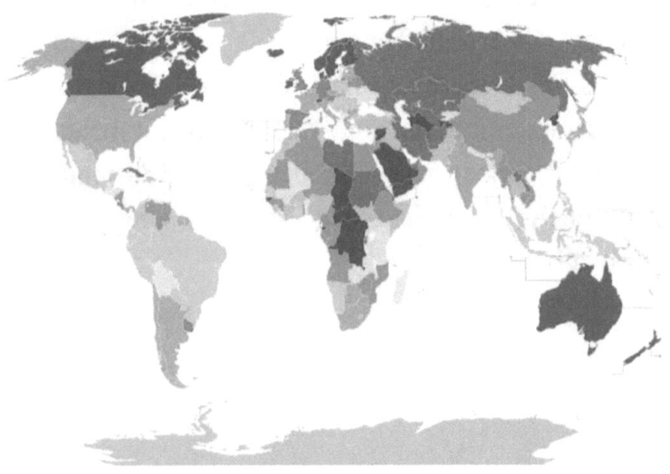

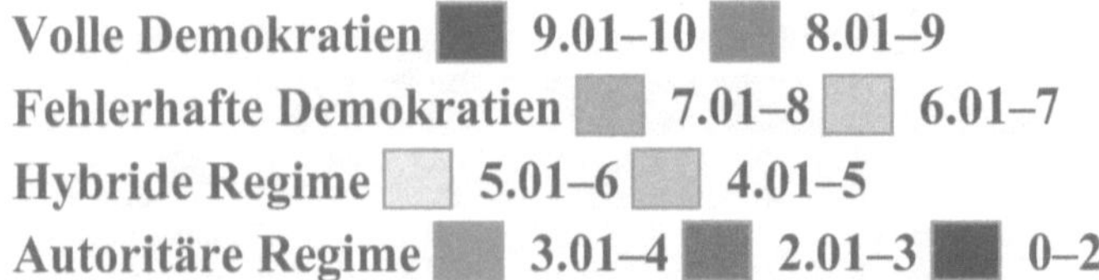

Politische Karte der Afrikanischen Länder

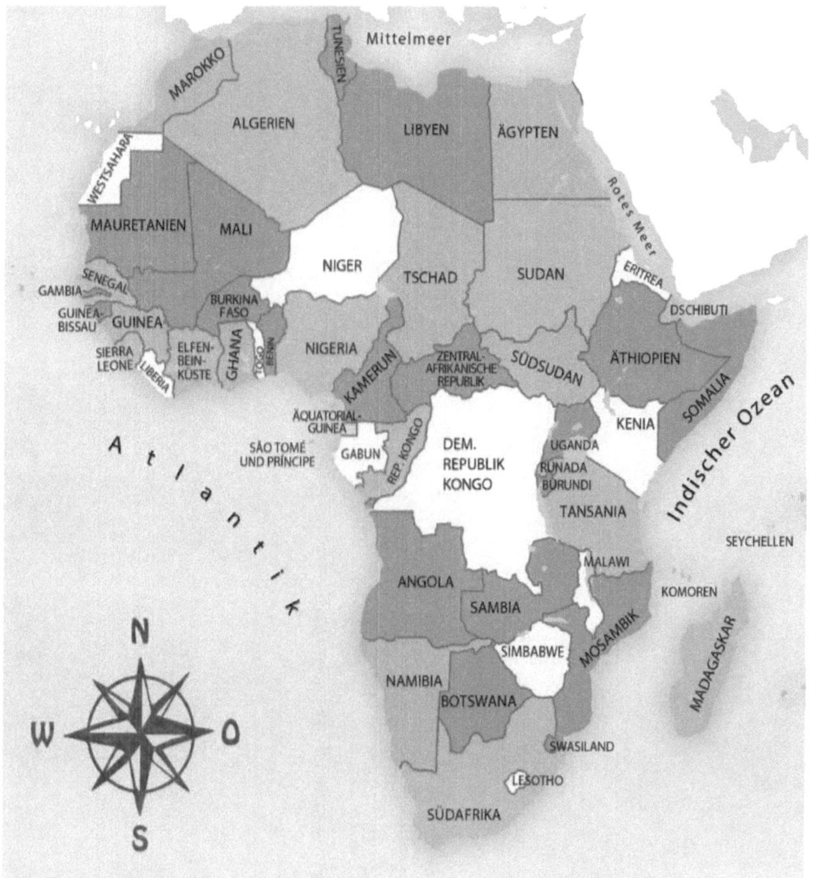

www.ingramcontent.com/pod-product-compliance
Lightning Source LLC
Chambersburg PA
CBHW051418250726
48655CB00003B/1117